तेरी वैरागन

मृदुला उपाध्याय

Made with ♥ on the Notion Press Platform
www.notionpress.com

Dedicated to

my loved ones

PREFACE

Hello all,

Thank you for choosing this book to read. This book
has my heart and now I am handing it over to my
dear readers. This book is a collection of poems or
we can say collection of emotions that I have
written in the process of healing. People who feel
lonely, empty and heartbroken they might relate to
this. I just want to say life is beautiful and everyone
should enjoy their life instead of being sad for those
who are gone. I am hoping a great life for all of
you. Give your love to this book.

You may continue reading now. Hope you enjoy…

1.

बसंत ऋतु दरवाजे की
ओट पे आ खड़ा है
औरतें स्वागत में
सज-धज कर खड़ी
कजरी गा रही है

पेड़-पौधे रंग बिरंगे
फूलों से लदे पड़े हैं
ऐसा प्रतीत होता है
मानो प्रकृति अपना
सारा प्रेम न्योछावर
करने को तत्पर है
प्रकृति अपने परम
सुन्दर रुप को धारण किए
जैसे उसने प्रेम का
शृंगार कर रखा हो
हर तरफ रंग और खुशबू
और कोयल का मधुर प्रेमगीत
जो मौन पड़ा था लंबे
समय से किसी की विरह में
लेकिन उसकी प्रेमी प्रवृति
उसे फिर से गाने का
अवसर दे रही है
उसने नहीं हटाए कदम कभी
प्रेम की राह से
पर उसकी नियति में लिखे
विरह से वह कब तक
बच पाएगी
सावन आते ही उसे
गीत को त्याग
अपनाना होगा मौन को ॥

2.

जीवन में आगे बढ़ने के साथ
मैं नहीं सीख पायी
पुरानी चीज़ों से उबरना
मैं पुराने खंडहरों में
आज भी ढूँढती हूँ
चले गए लोगों की निशानियाँ
जो समय के साथ धूल बन गयी है
खोखली दीवारों में
कान लगा सुनती हूँ
सुखद क्षण की खिलखिलाहट
जो अब शोक का क्रंदन बन चुका है
कभी टूटे रिश्तों में
खंगालती हूँ पुनः जुड़ने के बहाने
कभी कोसती हूँ खुद को
त्यागे जाने के लिए
मैं आज भी ढूँढ रही हूँ
मृत देह में जीवन का अस्तित्व
सूखे वृक्ष में पानी डाल रही हूँ
बस इस आस में की
पुनः वह पुष्पों से
मेरे आँगन की शोभा बढ़ाए
मुझे त्यागे जाने के भय से
ज्यादा त्याग देने का भय सताता है
क्योंकि मैंने समझा है

लोगों के चले जाने से
घर कैसे वीरान
खण्डहर में बदल जाते हैं ॥

3.

एक वीरान चबूतरे को
देखकर नहीं बता सकता कोई
कि वह कभी किसी का
मनपसंद स्थान रहा होगा
वहाँ की गई होंगी
कितनी ही प्रेम की बातें
उसपर बैठ कितने ही
प्रेम कवियों ने
लिखी होंगी कवितायें
अपने प्रियतम की याद में
कभी कोई रोया होगा
उस जगह पे जाकर
किसी के चले जाने के बाद
उस वक़्त वह स्थान बना रहा
सभी का सच्चा सहभागी
लेकिन उसपर पड़ी दरारों पर
किसी ने नहीं ली ख़बर उसकी

लेकिन यदि आज भी तुम
गुज़रो उस रास्ते से

तो मिल जाएगा तुम्हें कोई
तुम सा ही बैठा उस स्थान पर
किसी सहभागी के तलाश में
उस क्षण तुम मत ढूँढना
अपना अधिकार उस स्थान में ॥

4.

मैंने जब भी
लिखा प्रेम को
उसे संपूर्ण रूप से
न्यौछावर किया तुमपे
अंतहीन रूप से
सौंप दिया तुम्हें
मैंने नहीं किया
तुमसे अधिक
प्रेम किसी से
पर हर बार
उस प्रेम का
थोड़ा सा हिस्सा
रखा अपने लिए

जैसे कोई कुशल गृहिणी
बचा कर रखती है
कुछ हिस्सा, खर्चों मे से
रसोई घर के डिब्बों में

वह प्रेम की सबसे
जरूरी प्रक्रिया है
किसी को पूर्ण रूप से
अपनाने से पहले
तुम्हें अपनाना होगा
खुद को पूर्ण रूप से
यह प्रक्रिया बनाए
रखती है संतुलन
प्रेम और जीवन के मध्य।।

5.

सावन में प्रेम होता है
अपनी पराकाष्ठा पर
जहाँ आसमाँ विरह से मुक्त हो
अश्रुपात कर पहुँचाता है
अपने प्रेम को धरती तक
और लोग आनंद लेते हैं
उनके मिलन का
वहीं नहीं सोचा किसी ने
कि क्यों कोयल
अपने मधुर प्रेमगीत को
त्याग मौन धर लेती है
सावन में,
किसी ने नहीं समझा
ना पूछा किसी ने

उसके मन की वेदना को

अपने प्रेमगीत से
उसने मोह लिया सभी के
हृदय को लेकिन
उसके मौन का कारण
जानने की इक्षा नहीं हुई हमें
जहाँ सबने किया आलिंगन
अपने प्रेम का
कोयल ने सहा बस विरह

पर वसंत के आते ही
कोयल फिर से गाती है
प्रेमगीत और भूल
जाती है उस विरह की
वेदना को क्योंकि
प्रेमी की प्रवृति है
प्रेम की हजारों यातनाओं को
सहकर भी प्रेम में
अपनी आस्था बनाए रखना

कोयल नहीं होती
हम मनुष्यों की तरह
जो त्याग देते हैं
प्रेम को जीवन से

प्रेमी से ठगे जाने के बाद ॥

6.

मुझे जब-जब लगा
मैंने भूला दिया तुम्हें
मेरा प्रेम उतनी ही बार
उमड़-उमड़ कर
नवीन रूप में
प्रगाढ़ रूप में
सामने आया है
ठीक उसी प्रकार
जैसे समुद्र पीछे हटकर
और भी बड़े लहरों के साथ
लौटता है
मेरा प्रेम ठीक उस
समुद्र की भांति
गहरा होता जा रहा है
और तुम वह व्यक्ति हो
जो इस सारे दृश्य को
अपनी आँखों से देख रहा है
वो लहरों को आता देख
हर बार अपने कदम
पीछे करता जाता है

उस क्षण मैं

निरुपाय, असहाय यमुना सी
विचलीत हुई जा रहीं हूँ
तुम्हारे चरण स्पर्श को
सुनो कृष्ण!
अब ठहर जाओ
तुम्हें नहीं पता इस यमुना ने
कितनी बार अपनी धारा में
अंकुश लगाया है
कितने ही सागर में मिलने से
उसने नकारा है
वो कृष्ण नामक सागर में
मिलने को आतुर है
अब अपने स्पर्श से
उसे अपने अस्तित्व में
मिला लो ।

7.

मैंने नहीं रखी
जीवन भर तुम्हारे
प्रेम पाने की आस
मैंने चाहा बस
अपने अंतिम समय में
तुम्हारा साथ
और मैं बस
बंध गई

इसी कामना से,
नहीं कर सकी
खुद को दूर इससे,
टकरा गई फिर
वहीं तुमसे
जहाँ से ये
यात्रा शुरु हुई थी

मैं फिर से
दोहराना चाहूँगी
इस यात्रा को
फिर से सिखना चाहूँगी
प्रेम की गणित
और इस बार
कर लूँगी परिपक्व
खुद को
इस गणित के हिसाब में
मैं खोजूँगी
विज्ञान में
प्रेम को
कि कैसे यह पृथ्वी
सूर्य की निरंतर
परिक्रमा कर के
कभी थकती नहीं
कैसे गुरुत्वाकर्षण

के कारण चीज़ें
जुड़ी रहती है इसी
पृथ्वी से
कि कैसे प्रेम
और विज्ञान अलग
होकर भी समान हैं
अंतहीन हैं ॥

8.

मैंने किताबों के
बीच जिस गुलाब को
रखा था वर्षों पहले
वो अब पड़ा-पड़ा
सड़ चुका है
ठीक उसी प्रकार
जैसे एक व्यक्ति के
भीतर का बचपन
नष्ट हो जाता है
समझदार बनने की
प्रक्रिया में,

मेरी आदत है
उन चीजों को
सहेज कर रखने की
जो मुझे प्रिय हैं

पर सहेजने के
क्रम में अक्सर
भूल जाती हूँ
उनका ध्यान रखना
और वो चीजें
किसी बंद दराज़ में
जंग खाती रहती हैं,
मेरी पसंदीदा
किताबों में अब
दीमक लग गए हैं
कारण वही...
सहेजने के क्रम में

अब मैंने खुद को
सहेजना शुरू किया है
वक्त के साथ
मैं भी राख हो जाऊँगी
तब तुम आना
उठाना उस राख को
और बिखेर देना
अपने आँगन में
वहाँ मैं एक
विशाल कल्पवृक्ष बन
सहेजूँगी तुम्हारे
प्रेम को ॥

9.

मुझे अब भय
लगने लगा है
मेरी ओर बढ़ते
हर एक हाथ से,
मैं अब नहीं
स्वीकार पाती
किसी को भी
पूर्ण हृदय से
और दूर करती
जा रही हूँ
हर उस इंसान को
जो मुझे सदा से
प्रिय है

क्योंकि मैंने
जब-जब बढ़ते
हाथों को थामा है
मुझे हर बार
धक्का दिया गया है
अंधकार की ओर

जिस अंधकार की
कल्पना मात्र से
मैं काँप

जाया करती थी
आज आदी हो
गयी हूँ
उसी अंधकार की
मैंने कई बार
निकलना चाहा पर
हर बार बस
कोशिश ही करती
रह गयी
अब इससे निकल पाना
संभव नहीं
क्योंकि अब यह
अंधकार मेरे
अंतर्मन में
समाहित हो
चुका है ॥

10.

मेरे आस-पास
लोगों ने भूला
दिया है तुम्हें
मेरा अतीत समझकर
लेकिन नहीं देखा कभी
कि मैं आज भी
अटकी हूँ उसी अतीत में

काफ़ी समय बीत गया
तुम आगे बढ़ गए
मैं आज भी वहीं हूँ
जब हम मिले थे
पहली बार

आज भी जब
मैं गुज़रती हूँ
तुम्हारी गली से
मेरी आँखें रुक
जाती है तुम्हारी
"बालकनी" में जा कर
और बेसुध निहारती
रहती है बस
एक आस में
कहीं तुम दिख जाओ
ये जान कर भी कि
जा चुके हो
इस शहर से
मेरे जीवन से
और हर बार निराश हो
लौट जाती है

मुझे कुछ ठीक से
याद नहीं

मेरी स्मृति खो चुकी है
जैसे रात का सपना
भूला दिया जाता है
नयी सुबह के साथ
बस मेरे अंदर
कुछ खाली जगहँ
रह गयी है और
तुम्हारा नाम

सुनो, तुम आओ
और मेरा हाथ पकड़
ले चलो मुझे
अतीत से वर्त्तमान की ओर
मैं तुम्हारा वहीं
इंतजार कर रही हूँ
जहाँ हम मिले थे
पहली बार ॥

11.

आज रास्ते से
घर की ओर
लौटते हुए
मैंने एक मेला देखा
जहाँ बड़े-बड़े
झूले आसमाँ को

छू रहे थे,
बच्चे हाथों में
गुब्बारे लिए
खुश हो रहे थे
जहाँ अनेकों
तरह के खेल-खिलौने
और हर तरफ
रंग ही रंग थे
पर मुझे पसंद नहीं
मेले में जाना
वहाँ के रंग
जैसे मुझे काटने को
भागते हैं
जैसे मुझे बता रहे हो
कि मेरी बेरंग
जिंदगी में
रंगों का कोई अस्तित्व नहीं
ना ही मैं
हक़दार हूँ
उन रंगों की
ये रंग अब मुझे
काँटों की तरह
चुभने लगे हैं
मैं बस दूर से ही
उन्हें देख खुश

हो लिया करती हूँ

गौर से देखने पर
बगल में ही
मुझे एक सूखा
वृक्ष दिखा
बिल्कुल मृत
बेरंग सा
मेरी तरह
जिसके जीवन में
पहले ढेरों रंग
हुआ करते होंगे
लेकिन अब उसे
देख लग रहा था
मानो प्रकृति ने
उसके सारे रंग छिन
उसे दंडित किया हो
पर क्या नियति का
ये फ़ैसला उस
मृत वृक्ष के लिए
अन्याय नहीं?

12.

मैं भूल जाना चाहती हूँ
प्रेम की परिभाषा

तुम्हें भूलने से पहले
ताकि यदि कोई फिर से
प्रेम की आस जगाना चाहे
तो मैं मुकर जाऊँ ये कहकर
मुझे नहीं पता क्या होती है
प्रेम की परिभाषा

अंतिम बार मैं
दोहरा लेना चाहती हूँ
उस प्रेम गीत को
जो हर रोज़ बनता था सेतु
तुम्हारी स्मृतियों को
मुझसे जोड़ने के लिए
क्योंकि शायद फिर कभी वो प्रेम गीत
किसी और के लिए गुनगुना न सकूँ

इन कोरे पन्नों पर
लिख देना चाहती हूँ हर ख़त
जो मैंने वर्षों से
कैद कर रखा था अपने हृदय में
और सौंप आना चाहती हूँ वो ख़त
तुम्हारी अमानत की तरह
ताकि नहीं चला जाए वो
किसी और के पते पर
और न पढ़ ले कोई ऐसा

जो नहीं है हकदार उन ख़तों का ॥

13.

मैं पूरे दिन
ढके रखती हूँ खुद को
एक सभ्य नारी के लिबास में
ढोंग किया करती हूँ
वो होने का जो मैं हूँ ही नहीं
नाप-तोल कर बोलना,
खुद को मजबूत दिखाना
कभी क्रोध करना,
तो कभी सहम जाना

पर मैं आज भी
लोगों के सामने
उन्हें 'तुम' समझकर
कर दिया करती हूँ
बचकानी बातें
पर सामने से आया उत्तर
नहीं होता तुम्हारी तरह
जो साथ देता हो मेरा
उन बचकानी बातों में

मेरे मन के भीतर के
बच्चे को बिगाड़ रखा है तुमने

तुम्हारे यहाँ न होने पर
वो आज भी तुम्हारी ही हठ
किया करता है ॥

14.

मैं जब भी
देखती हूँ तुम्हारी ओर
मुझे नहीं दिखता
तुम्हारा वो प्रेमियों
वाला स्वरूप
जो तारीफें किया करता हो
मेरी आँखों की
मेरी बातों की
मेरे झूमके की
मेरे दुपट्टे की
क्योंकि तुमने कभी
नहीं दिया ध्यान
मेरे साजों-शृंगार पर
मैंने जब भी
पूछा तुमसे
कैसी लग रही हूँ
तुमने एक हल्की सी
मुस्कान के साथ
बस सिर हिला दिया
तुम्हारी उस प्रतिक्रिया को

बिना समझे
मैंने संवारा खुद को
थोड़ा और अधिक
और जाननी चाही
तुम्हारी प्रतिक्रिया
तुमने मेरा हाथ पकड़
बैठा दिया अपने साथ मुझे
और हाथ में पकड़ाया
किताबों को
तुमने कहा कि
तुम नहीं बनी हो
इन साज-शृंगार में
बंधने को
तुम बनी हो
इस आसमाँ में
ऊँचाई पर उड़ने के लिए

औरों ने दिए प्रेम में
पायल, झूमके, हार
पर तुमने मुझे दिया
आत्मसम्मान, आत्मविश्वास
सक्षमता, साक्षरता
मुझे तुम्हारे प्रेम
करने का तरीका
उतना ही प्रिय है

जितना तुम्हें
मेरा आत्मसम्मान ॥

15.

मैं नहीं कहूँगी
मैं केवल तुम्हारे
प्रेम में हूँ
तुम्हारे साथ-साथ
मैं प्रेम में हूँ
तुम्हारी यादों के
मैं प्रेम में हूँ
उस एक क्षण के
जब तुम्हारे जाते वक्त
मैंने दरवाज़े पर
खड़े होकर
अपने आँखों से निकले
अश्रु के एक बूँद को
अपनी साड़ी के
एक छोर से पोंछ लिया था
और मुस्कान के साथ
तुम्हें विदा दिया था
मैं प्रेम में हूँ
हमारी पहली मुलाक़ात के
जब इस दुनियाँ के
सारे रास्ते मुझे

तुमसे टकराने में लगे थे
मैं भड़क जाया करती हूँ
जब कोइ यूँ टकरा
जाता है मुझसे
पर उस क्षण
मैं स्तब्ध खड़ी रही
और समझना चाहा
उस प्रक्रिया को
जिसे स्वीकार करने में
मेरा मस्तिष्क समय ले रहा था
मैं प्रेम में हूँ
उस समय के
जो मैंने कर दिया
तुम्हारे नाम
मैं प्रेम में हूँ
तुम्हारी ग़ज़लों के
जिसमें तुमने किया है याद
अपने पूर्व प्रेम संबंधो को
अपनी पूर्व प्रेमिका को
मैं नहीं करना चाहूँगी
बराबरी उसकी
क्योंकि मैं जानती हूँ
तुम अब भी उसके प्रेम में हो
पर मुझे नहीं है
शिक़ायत कोई तुमसे

क्योंकि मैं जानती हूँ
मेरा प्रेम अकेला
काफ़ी होगा
हम दोनों के
हिस्से के प्रेम का ।।

16.

मैंने सुना है जो लोग होते हैं

लंबे समय से किसी की प्रतीक्षा में

उनकी आँखें काष्ठ के समान

हो जाया करती हैं

कि जैसे राम की प्रतीक्षा में

एक स्त्री वर्षों तक पत्थर बनी रही

और उसकी प्रतीक्षा का अंत होते ही

वह पुनः स्त्री हो गई

जैसे कृष्ण के व्रज छोड़ने के साथ ही

गोपियाँ प्राणहीन सी हो गई

जैसे सती के देह त्यागने पर

विरह ने भगवान को भी जला दिया

इस विरह अग्नि में प्रेमियों की

हर बार आहुति चढ़ी है

मैं भी कई वर्षों से फंसी हूँ

इसी विरह कुंड में

निकलना संभव नहीं लग रहा

मैं भी अहिल्या सी स्त्री से

पत्थर होती जा रही हूँ

सुनो, तुम राम बन कर

मुझे पुनः स्त्री कर जाना

मेरी आँखें रोना भूल गई हैं

संभवतः ये भी काष्ठ हो गयी

तुम कृष्ण बनकर देना मुझे

प्रेम के अश्रु न ही विरह के ॥

उदास वृक्ष अपनी शाखाओं को

फैला लेते हैं दूर तक

ताकि कोई पथिक

यात्रा के दौरान थक जाए

या भटक जाए अपनी राह से

तो उसकी छांव में बैठ सके

और बदले में उसे हर बार

छोड़ दिया जाता है

पथिक के द्वारा

हम सब वह उदास वृक्ष हैं

जो कभी न कभी भूला दिए गए

किसी पथिक के द्वारा

अगर तुम किसी दिन देखो

किसी उदास वृक्ष को तो

उसे गले लगा कर देना उसे

उसके हिस्से का प्रेम ।।

ACKNOWLEDGEMENT

I want to thank my family for supporting and being
there for me always,

my friends who appreciated my work and one of the
most important part of my life Lord Krishna.

Thank you NotionPress for letting publish my book
and making my dream true.

A big thanks to all.

क्रम-सूची